MADEMOISELLE

LILI AUX CHAMPS-ÉLYSÉES

TEXTE par un PAPA

DESSINS DE L. FRŒLICH

BIBLIOTHÈQUE

D'ÉDUCATION et de RÉCRÉATION

J. HETZEL & Cie 18 rue JACOB
PARIS

4º Yº
1890

MADEMOISELLE LILI

AUX

CHAMPS-ÉLYSÉES

MADEMOISELLE LILI

AUX CHAMPS-ÉLYSÉES

AU CIRQUE D'ÉTÉ

COLLECTION HETZEL

DESSINS DE LORENTZ FRŒLICH

MADEMOISELLE LILI

AUX

CHAMPS-ÉLYSÉES

TEXTE PAR **UN PAPA**

BIBLIOTHEQUE
D'ÉDUCATION ET DE RÉCRÉATION
J. HETZEL ET Cie, 18, RUE JACOB
PARIS

MADEMOISELLE LILI

I

Mlle Lili n'est pas exclusive, elle apprécie beaucoup toutes les promenades de Paris : les Tuileries, le Luxembourg, le parc Monceau; mais ses préférences sont encore pour les Champs-Élysées. Cela se comprend; elle y rencontre en plus grand nombre les amies que lui ont faites sa gentillesse et son entrain. Puis, ainsi que les aspects, les divertissements y sont plus variés, et Lili, on le sait, aime fort la variété. En ce moment, vous la voyez lancée dans une partie de chat perché des plus animées. Oh! elle ne reste pas longtemps au même perchoir, et, quand elle en change, il ne faut pas être engourdie pour la saisir.

Un vrai furet.

AUX CHAMPS-ÉLYSÉES

I

EN CE MOMENT LILI EST LANCÉE DANS UNE PARTIE
DE CHAT PERCHÉ

II

Tout a une fin. Si Lili court vite et sait se garer habilement, ses compagnes aussi ont bon pied, bon œil, si bien que, sa témérité croissant toujours, la petite Camille, qui faisait le chat, a réussi à l'arrêter par sa veste. « Prise, Lili! crie-t-elle d'une voix triomphante. — Pas du tout! réplique Lili, je n'ai pas été touchée; il n'y a que ma veste... — Par exemple! Est-ce que ce n'est pas la même chose! Qu'en dites-vous, mesdemoiselles ! » — Les unes répondent oui, les autres non; d'autres se bornent à rire, sans se prononcer. Le code du chat perché n'ayant pas encore été édicté, c'est là le parti le plus sage.

II

LA PETITE CAMILLE, QUI FAISAIT LE CHAT, A RÉUSSI
A L'ARRÊTER PAR SA VESTE

MADEMOISELLE LILI

III

La contestation menaçait de s'éterniser, et aucune des assistantes n'avait qualité pour imposer une solution. Sur quoi, toutes, à l'exception de Mlle Claire, la cousine de Lili, ont jugé à propos de s'en aller, laissant les deux adversaires se débrouiller entre elles à leur idée. Chacune de celles-ci soutient mordicus son opinion, Camille appuyant ses arguments de gestes virulents, Lili moins exaltée, mais non moins opiniâtre. Comme elles parlent toutes deux à la fois, il est difficile qu'elles puissent s'entendre. La pauvre Claire, très ennuyée, n'a trouvé de moyen pour les calmer que de crier encore plus fort qu'elles. Cela réussit quelquefois.

III

COMME ELLES PARLENT TOUTES DEUX
A LA FOIS, IL EST DIFFICILE QU'ELLES PUISSENT S'ENTENDRE

MADEMOISELLE LILI

IV

En effet, de guerre lasse, et dominées par les éclats de voix de Claire, Lili et Camille ont fait la paix. Elles ont bravement reconnu leurs torts : prétention un peu hasardée d'une part, et, de l'autre, trop d'aigreur à la combattre. Cela réglé, elles sont allées rejoindre leurs compagnes. On a été enchanté de les revoir et d'apprendre que l'affaire n'aurait pas de suites. Une grande partie de barres s'organisait. Lili, renommée pour son agilité, a été admise avec acclamation dans l'un des camps. Et qui a-t-elle rencontré là? Son protégé des Tuileries, le petit Lucien, venu avec sa sœur et toujours reconnaissant. Mais Lili n'a pas le temps de l'écouter.

La voilà qui s'apprête à sortir.

Gare au camp ennemi!

IV

VOILA MADEMOISELLE LILI QUI S'APPRÊTE A SORTIR.
GARE AU CAMP ENNEMI!

MADEMOISELLE LILI

V

Un vrai foudre de guerre, cette petite Lili! Ah! on ne dira pas que sa réputation soit usurpée. Toutes les manœuvres des adversaires ne tendaient qu'à s'emparer d'elle. Mais bien loin d'être prise, c'est elle qui fait deux prisonnières. Oui, deux à la fois, une de chaque main. Et ce n'est pas par leur veste ou par leur robe, c'est par le bras qu'elle les a saisies. Ainsi pas de danger qu'on réclame, en lui retournant sa plaisanterie du chat perché. Aussi, de quelles clameurs admiratives son exploit a été salué par ses adhérentes! Le coup double, l'orgueil du chasseur, il est certes permis à des petites filles de s'en glorifier également; d'autant plus qu'ici les victimes ne sont pas bien malades.

AUX CHAMPS-ÉLYSÉES

V

LILI FAIT DEUX PRISONNIÈRES A LA FOIS,
UNE DE CHAQUE MAIN

VI

Si, tout d'abord, on avait été consterné dans l'autre camp, il ne faut pas le demander. Puis on y avait repris courage, et on avait continué la lutte, non sans succès. Les prisonnières de Lili n'avaient pu être délivrées; mais Camille, une des plus hardies du parti adverse, de son côté en avait fait une, plus un prisonnier, le petit Lucien. Il fallait à tout prix les dégager. C'est encore Lili qui en a été chargée. Après divers circuits habilement combinés, elle les a atteints sans avoir été touchée. Et la voilà qui, les tenant par la main, les ramène à son camp. Applaudissements, cris de victoires; la partie est gagnée. On en reparlera, et peut-être plus d'un jour.

VI

VOILA LILI QUI, LES TENANT PAR
LA MAIN, LES RAMÈNE TRIOMPHALEMENT A SON CAMP

VII

Quelques-unes des compagnes de Lili avaient proposé de la porter en triomphe; mais elle leur a fait observer avec raison qu'elle était trop ébouriffée pour figurer en l'air d'une manière convenable. « Je reviendrai vous dire adieu, » a-t-elle ajouté. Et elle a couru retrouver sa bonne pour faire réparer le désordre de sa toilette. Après tout le mouvement qu'elle s'est donné, on comprend que ce n'est pas de luxe. Mais, comme il en est de même chaque fois qu'elle joue dehors, la bonne était munie de tout ce qu'il fallait pour obvier aux diverses anicroches possibles : peigne, brosse, aiguilles, ciseaux, etc. Aujourd'hui il n'y aura rien de trop.

AUX CHAMPS-ÉLYSÉES

VII

LILI A COURU RETROUVER SA BONNE POUR FAIRE RÉPARER
LE DÉSORDRE DE SA TOILETTE

VIII

Suivant sa promesse, Mlle Lili, après que sa tenue a été régularisée, est revenue prendre congé de ses amies. Elle les a trouvées, comme elle, se disposant à partir. Ce qu'il y a eu, avant de se quitter, d'embrassades et de serrements de mains, ce qu'on a échangé de promesses de se revoir, ce n'est rien que de le dire. Enfin, l'heure du dîner approchant, Lili s'est mise en chemin, avec sa bonne, pour rentrer chez elle. « Elle est vraiment gentille, cette petite ! » a dit en la regardant s'éloigner, Mlle Pauline, la plus âgée du groupe. Toutes ont approuvé, et l'on a entendu par derrière une voix qui disait : « Oh ! oui, et son sucre d'orge est joliment bon ! » C'était la voix du petit Lucien.

Si l'on a ri !

AUX CHAMPS-ÉLYSÉES

VIII

L'HEURE DU DINER APPROCHANT, LILI S'EST MISE
EN CHEMIN, AVEC SA BONNE, POUR RENTRER CHEZ ELLE

IX

Le lendemain de ces mémorables parties, Lili, en arrivant aux Champs-Élysées, a rencontré d'abord Mlle Pauline. « Je croyais trouver ma cousine ici, lui a-t-elle dit. — Je ne l'ai pas vue. Voulez-vous, en l'attendant, vous promener avec moi? — Très volontiers, a répondu Lili. — Vous vous êtes bien amusée hier? a repris Pauline. — Oh! oui. — Et cela vous semblerait triste de ne pas recommencer aujourd'hui? — Du tout. Ça m'amuse de jouer, mais ça ne m'ennuie pas de ne pas jouer. — Vous avez un bon caractère. — Pas toujours, demandez à Camille. — Ah! l'affaire du chat perché... Elle aurait dû ne faire qu'en rire ; elle est votre aînée. — J'ai dix ans, elle en a douze. — Et moi déjà treize!... » a ajouté Pauline en soupirant.

AUX CHAMPS-ÉLYSÉES

IX

« ÇA M'AMUSE DE JOUER, MAIS ÇA NE M'ENNUIE PAS
DE NE PAS JOUER »

MADEMOISELLE LILI

X

Mlle Pauline, obligée, de par son grand âge, d'aller à un cours, n'a pu tenir longtemps compagnie à Lili. Celle-ci, suivie à distance par sa bonne, s'est mise à la recherche de sa cousine et n'a pas tardé à la rencontrer. Toutes deux, pour passer le temps jusqu'à ce que la belle partie s'annonçât, ont eu la malencontreuse idée d'entrer aux Chevaux de bois. Lili a pris un cheval; Claire, bien qu'elle ne s'en souciât guère, en a pris un aussi. Puis on a tourné. Puis elles sont descendues, et les voilà maintenant tout étourdies, l'une étendant les mains en l'air, l'autre adossée à un tronc d'arbre, dans la crainte de trébucher. Cela ne durera pas, espérons-le.

AUX CHAMPS-ÉLYSÉES

X

LES VOILA MAINTENANT TOUT ÉTOURDIES

MADEMOISELLE LILI

XI

Ce n'est qu'au bout de près d'un quart d'heure que les deux enfants purent reprendre leur promenade. Arrivées devant la voiture aux chèvres, Lili proposa d'y monter. « Non, a dit Claire, il faut laisser ça aux bébés. Nous sommes trop grandes. — Mais nous y avons encore été il n'y a pas quinze jours. — C'est justement pourquoi je ne désire pas y retourner. Rappelle-toi; à nous deux nous remplissions presque la voiture, et j'ai bien vu des personnes nous regarder d'un air étonné. » Lili n'était pas convaincue. « Enfin, a-t-elle dit, je veux tout de même donner aux chèvres le pain que j'avais pris pour elles. Ce n'est pas leur faute à ces pauvres bêtes, si l'on s'est moqué de nous. »

AUX CHAMPS-ÉLYSÉES

XI

« CE N'EST PAS LEUR FAUTE, A CES PAUVRES BÊTES,
SI L'ON S'EST MOQUÉ DE NOUS »

MADEMOISELLE LILI·

XII

Un peu au delà de la station des chèvres, les grince-
ments de la pratique de Polichinelle ont fait arrêter les
deux promeneuses. Guignol. Ni l'une ni l'autre n'a la
moindre envie d'y entrer. Cette fois pas de désaccord
entre elles. Encore un divertissement bon seulement
pour les petits enfants dont les démonstrations joyeuses,
accompagnées de rires et de remarques hétéroclites, sont
plus amusantes à observer que le spectacle lui-même.
« Sont-ils contents, sont-ils drôles! dit Lili en se dressant
sur la pointe des pieds pour mieux les voir. — Heureux
âge, ajouta Claire; ils ne savent pas encore ce que c'est
que d'aller en classe. Bah! ce n'est pas, après tout,
si terrible. »

AUX CHAMPS-ÉLYSÉES

XII

« SONT-ILS CONTENTS, SONT-ILS DROLES ! » DIT LILI

MADEMOISELLE LILI

XIII

Pendant que sa cousine est allée, près de là, faire amitié à un bébé de sa connaissance, Mlle Lili s'est offert une partie au tourniquet des porcelaines. « Cinquante! a-t-elle crié quand l'aiguille s'est arrêtée. — Cinquante! c'est très vrai, a répondu la marchande. Vous avez de la chance, mademoiselle; vous avez gagné le gros lot. » Ce disant, elle a présenté à sa cliente une formidable soupière assez grande pour douze personnes. « Comment pourrai-je emporter ça? dit Lili d'un air consterné. — Je pense, mademoiselle, que c'est votre bonne qui s'en chargera. » Mais la bonne non plus ne paraît pas enchantée de la perspective.

AUX CHAMPS-ÉLYSÉES

XIII

« VOUS AVEZ DE LA CHANCE, MADEMOISELLE;
VOUS AVEZ GAGNÉ LE GROS LOT »

XIV

Claire, à son retour, a désiré se reposer un peu sur un banc. Lili lui a raconté l'histoire de la soupière. Non, elle ne l'a pas gardée. La marchande, toujours accommodante quand elle peut y trouver profit, lui a dit, en voyant son embarras, que, si elle préférait autre chose, elle avait le choix dans l'étalage. « Et qu'est-ce que tu as pris à la place? a demandé Claire. — Un petit déjeuner de poupée. Tu conçois, je l'aurais plutôt laissée pour rien. » Claire, de son côté, avait tiré des macarons. Elle en a gagné une douzaine, dont elle fait part à sa cousine. « Il est encore un peu de bonne heure pour goûter; cependant je veux bien t'aider à t'en débarrasser, car, entre nous, dit Lili, ils sont pas mal desséchés, et ne ressemblent guère à ceux des vrais pâtissiers. »

AUX CHAMPS-ÉLYSÉES

XIV

CLAIRE A GAGNÉ UN DOUZAINE DE MACARONS QU'ELLE PARTAGE
AVEC SA COUSINE

MADEMOISELLE LILI

XV

« Je vois, a dit Lili, qu'il n'y aura pas de partie pour nous aujourd'hui. Ces demoiselles sont allées se promener ailleurs — Évidemment, a répondu Claire. De quelque côté qu'on regarde, on n'aperçoit que des garçons. Et la plupart jouent tout seuls, comme ton ami Lucien, là auprès, avec son sabot. Aimes-tu ce jeu! — Pas beaucoup. Ça tourne, ces morceaux de bois quand on fouette dessus. Et après? — Ça tourne. Toujours la même chose. » Ainsi parlant, les deux cousines se sont rapprochées. Un petit bonhomme accroupi contemple, d'un air ravi, sa toupie hollandaise en mouvement. « Pour sûr, dit Lili, en le désignant, en voilà un qui ne partage pas mon avis. Chacun son goût! »

AUX CHAMPS-ÉLYSÉES

XV

UN PETIT BONHOMME CONTEMPLE, D'UN AIR RAVI,
SA TOUPIE HOLLANDAISE EN MOUVEMENT.

XVI

Une bande de joüeurs de cerceau, luttant de vitesse, est arrivée. Pour les regarder, quelques petites filles — il y en a encore — se sont jointes à Lili et à Claire. « Tu ne dois pas, je pense, être folle de ce jeu-là, a dit celle-ci; il n'est guère plus varié que le sabot. — Oh! quelle différence! a répondu Lili. D'abord on court, au lieu de tourner sans fin à la même place. Puis il faut de l'attention, de l'adresse, pour diriger son cerceau et ne pas l'envoyer dans les jambes des personnes qui passent. Bien entendu, il n'est pas question des espèces de roues auxquelles le bâton est attaché; c'est bon pour les bébés. »

Un murmure approbatif accueillit ces paroles de Lili.

AUX CHAMPS-ÉLYSÉES

XVI

« TU NE DOIS PAS, A DIT CLAIRE, ÊTRE FOLLE DE CE JEU-LA ;
IL N'EST GUÈRE PLUS VARIÉ QUE LE SABOT.

XVII

On ne peut nier qu'une partie de ballon ne soit plus amusante à regarder que des jeux solitaires comme le sabot et la toupie. On prend parti pour l'un ou l'autre des joueurs, on applaudit aux coups bien envoyés, on rit des maladresses; c'est palpitant d'intérêt. Aussi ne manquait-il pas de spectateurs à celle-ci, quand Lili et sa cousine sont venues se joindre à eux. Lili, toujours curieuse, s'étant placée trop près de la ligne du projectile, l'a vu tout à coup arriver sur elle, énorme. « Prends garde! » lui a crié Claire en la tirant en avant pour l'écarter. Secours tardif... Mais on peut être sûr qu'une autre fois il ne sera pas nécessaire.

AUX CHAMPS-ÉLYSÉES

XVII

LILI A VU TOUT A COUP LE PROJECTILE ARRIVER SUR ELLE,
ÉNORME.

MADEMOISELLE LILI

XVIII

La maman de Mlle Lili, en l'envoyant aux Champs-
Élysées avec sa bonne, lui avait recommandé de prendre
garde à ne pas trop s'ébouriffer. « Nous irons ensemble
quelque part, » avait-elle ajouté. « Bon ! s'était dit Lili,
ce sera une de ces ennuyeuses visites où il faut se tenir
assise sans bouger... » Mais pas du tout, il ne s'agissait
pas de cela. « Nous allons au cirque, » a dit la maman
en rejoignant sa fille. Agréable surprise. Et les voilà
installées dans le théâtre où, pour commencer, elles
assistent aux exercices divers d'un tout jeune garçon
debout sur un cheval lancé au grand trot. « Pauvre petit,
s'il allait tomber... » dit Mlle Lili, qui, on le sait,
est très compatissante.

AUX CHAMPS-ÉLYSÉES

XVIII

LILI ET SA MAMAN ASSISTENT AUX EXERCICES DIVERS
D'UN TOUT JEUNE GARÇON.

XIX

Le petit écuyer n'a pas le moindre mal. Lili peut être rassurée. Son papa, qui est venu les retrouver, lui a d'ailleurs expliqué que, toutes les précautions étant prises, ce garçon ne courait aucun risque. Aussi est-il descendu de son gros cheval avec le même sourire qu'il avait en y montant. On l'a applaudi, puis il s'est retiré, cédant la place à une dame bien étonnante. Debout sur un cheval au galop que personne ne conduit, elle s'amuse à sauter à travers de grands ronds de papier, et, chose merveilleuse, en retombant, après les avoir crevés, elle se retrouve toujours à la même place. Elle a l'air si sûre d'elle, que Lili n'a pas songé un instant à s'effrayer.

AUX CHAMPS-ELYSÉES

XIX

L'ÉCUYÈRE A L'AIR SI SÛRE D'ELLE QUE LILI N'A PAS
SONGÉ UN INSTANT A S'EFFRAYER.

MADEMOISELLE LILI

XX

Ah! par exemple, il n'en est plus de même aux exercices suivants. Lili avait suivi avec un intérêt médiocre, les divers tours de trapèze, fort habilement exécutés cependant. « J'aimais mieux la dame, dit-elle. Et toi, maman? — Moi aussi, mon enfant. Mais regarde. » Lili a regardé, et s'est rejetée aussitôt, comme épouvantée, dans les bras de sa mère. Qu'a-t-elle donc aperçu de si terrible? L'équilibriste, tout simplement, qui pour terminer, se montre, la tête en bas, suspendu par un seul pied à la corde sur laquelle il a opéré. « Allons-nous-en, dit Lili, je ne veux pas voir ça.... » Et volontiers elle sangloterait. « Tu n'es donc encore qu'un bébé? » lui dit son papa qui sait qu'un tel reproche est le plus apte à la calmer, en piquant son amour-propre.

AUX CHAMPS-ÉLYSÉES

XX

« ALLONS-NOUS-EN. JE NE VEUX PAS VOIR ÇA, » DIT LILI.

MADEMOISELLE LILI

XXI

Le mot de bébé a produit son effet. En se l'entendant appliquer, Lili s'est soudainement redressée. Tout d'abord elle a pu voir le pendu s'en allant gaillardement sur ses deux pieds comme l'homme du monde le plus naturel. Puis elle a eu le plaisir de se trouver à côté du petit Lucien qui, l'ayant aperçue, n'avait pas eu de cesse qu'il ne se fût faufilé jusqu'à elle. Ce n'est pas devant lui, qui ne craint rien, que Lili voudrait se montrer poltronne. En ce moment, c'est au tour de l'acrobate à déployer ses talents. Aussi à l'aise sur une corde raide que sur un plancher, il s'y livre aux fantaisies les plus ébouriffantes. Lili s'en est mise tout debout sur la banquette. La voilà maintenant presque trop brave, et sa maman commence à s'en inquiéter.

AUX CHAMPS-ÉLYSÉES

XXI

VOILA LILI MAINTENANT PRESQUE TROP BRAVE.

MADEMOISELLE LILI

XXII

Comme c'était la première fois que Mlle Lili allait au cirque, il n'est pas étonnant que tout ce qu'elle y a vu l'ait, en diverses façons, si vivement émotionnée. En retournant chez elle avec sa maman, elle n'a pas parlé d'autre chose. Et des questions sans fin auxquelles sa mère ne pouvait que répondre : » Je ne sais pas. » Après le dîner, où l'ami Lucien avait été convié, les deux enfants ont voulu, de compagnie, mettre en action leurs souvenirs du spectacle L'un cabriole en clown très réellement; l'autre sur un cheval fictif ou une corde, au choix, prend des attitudes et fait des mines gracieuses.

C'est très réussi; le papa, la maman n'ont pas manqué d'applaudir.

FIN

AUX CHAMPS-ÉLYSÉES

XXII

C'EST TRÈS RÉUSSI ; LE PAPA ET LA MAMAN N'ONT PAS
MANQUÉ D'APPLAUDIR.

MAGASIN D'ÉDUCATION ET DE RÉCREATION

Les Tomes I à XXIV
renferment comme œuvres principales :

L'Ile mystérieuse, Les Aventures du Capitaine Hatteras, Les Enfants du Capitaine Grant, Vingt mille lieues sous les mers, Aventures de trois Russes et de trois Anglais, Le Pays des Fourrures, Michel Strogoff, de JULES VERNE. — La Morale familière (cinquante contes et récits), Les Contes anglais, La Famille Chester, Histoire d'un Ane et de deux jeunes Filles, La Matinée de Lucile, Le Chemin glissant, Une Affaire difficile, L'Odyssée de Pataud et de son chien Fricot, de P.-J. STAHL. —La Roche aux Mouettes, de Jules SANDEAU. — Le nouveau Robinson suisse, de STAHL et MULLER. — Romain Kalbris, d'Hector MALOT. — Histoire d'une Maison, de VIOLLET-LE-DUC. — Les Serviteurs de l'Estomac, Le Géant d'Alsace, L'Anniversaire de Waterloo, Le Gulf-Stream, La Grammaire de mademoiselle Lili, Un Robinson fait au collège, de Jean MACÉ. — Le Denier de la France, La Chasse, Le Travail et la Douleur, A Madame la Reine, Un Premier Symptôme, Sur la Politesse, Un Péché véniel, Diplomatie de deux Mamans, etc., de E. LEGOUVÉ. — Petit Enfant, Petit Oiseau, L'Absent, Rendez-vous! La France, La Sœur aînée, L'Enfant grondé, etc., par Victor DE LAPRADE. — La Jeunesse des Hommes célèbres, de MULLER. —Aventures d'un jeune Naturaliste, Entre Frères et Sœurs, de Lucien BIART. — Le Petit Roi, de S. BLANDY. — L'Ami Kips, de G. ASTON. — Causeries d'Économie pratique, de Maurice BLOCK. —Les Vilaines Bêtes, de BÉNÉDICT. — Vieux Souvenirs, Départ pour la Campagne, Bébé aime le rouge, de Gustave DROZ.— Le Pacha berger, de LABOULAYE. — La Musique au foyer, de P. LACOME. — Histoire d'un Aquarium, Les Clients d'un vieux Poirier, de E. VAN BRUYSSEL.— Histoire de Bébelle, Une Lettre inédite, Septante fois sept, de DICKENS. — Pâquerette, Le Taciturne, etc., de H. FAU-QUEZ. — Le petit Tailleur, de A. GENIN. — Curiosités de la vie des Animaux, par P. NOTH. — Notre vieille Maison, de H. HAVARD. — Le Chalet des Sapins, par P. CHAZEL. — Les deux Tortues, Ce qu'on faisait à un bébé quand il tombait, par F. DUPIN DE SAINT-ANDRÉ, etc., etc.

Les petites Sœurs et les petites Mamans, Les Tragédies enfantines, Les Scènes familières, textes de P.-J. STAHL.

Les Tomes XXV à LIV
renferment comme œuvres principales :

JULES VERNE : Mistress Branican, César Cascabel, Famille sans Nom, Deux Ans de Vacances, Nord contre Sud. Un Billet de Loterie, L'Étoile du Sud, Kéraban-le-Têtu, L'École des Robinsons, La Jangada, La Maison à vapeur, Les Cinq cents millions de la Bégum, Hector Servadac. — J. VERNE et A. LAURIE : L'Épave du Cynthia. — P.-J. STAHL : Maroussia, Les Quatre Filles du docteur Marsch, Le Paradis de M. Toto, La Première Cause de l'avocat Juliette, Un Pot de crème pour deux, La Poupée de Mlle Lili. — STAHL et LERMONT : Jack et Jane. La petite Rose. — L. BIART : Monsieur Pinson, Deux enfants dans un parc.— E. LEGOUVÉ, de l'Académie : Leçons de lecture, Une élève de seize ans, etc. — V. DE LAPRADE, de l'Académie : Le Livre d'un Père. — A. DEQUET : Mon Oncle et ma Tante.— A. BADIN : Jean Casteyras.— E. EGGER, de l'Institut : Histoire du Livre. — J. MACÉ : La France avant les Francs. — Ch. DICKENS : L'Embranchement de Mugby. — A. LAURIE : Axel Ebersen (Le Gradué d'Upsala), Mémoires d'un Collégien russe, Le Bachelier de Séville, Une Année de collège à Paris, Scènes de la vie de collège en Angleterre, Mémoires d'un Collégien, L'Héritier de Robinson, De New-York à Brest en 7 heures, Le Secret du Mage. — P. CHAZEL : Riquette. — Dr CANDÈZE : La Gileppe, Aventures d'un Grillon, Périnette. — C. LEMONNIER : Bébés et Joujoux. — HENRY FAUQUEZ : Souvenirs d'une Pensionnaire. — J. LERMONT : Kitty et Bo, L'Aînée, Les jeunes Filles de Quinnebasset. — F. DUPIN DE SAINT-ANDRÉ : Histoire d'une bande de Canards, La Vieille Casquette, etc., etc. — Th. BENTZON : Contes de tous les Pays. — BÉNÉDICT : Le Noël des petits Ramoneurs, Les charmantes Bêtes, etc. — A. GENIN : Marco et Tonino , Deux Pigeons de Saint-Marc. — E. DIENY : La Patrie avant tout. — C. LEMAIRE : Le Chibouk du Pacha, etc. — G. NICOLE : Le Chibouk du Pacha, etc. — GENNEVRAYE : Marchand d'Allumettes. Théâtre de Famille, La petite Louisette.— BERTIN : Voyage au Pays des Défauts, Les deux côtés du Mur, Les Douze. — P. PERRAULT : Pas-Pressé. Les Lunettes de Grand'Maman, Les Exploits de Mario. — B. VADIER : Blanchette, Comédies et Proverbes. — I.-A REY : Les Travailleurs microscopiques. — S. BLANDY : L'Oncle Philibert. — RIDER HAGGARD : Découverte des Mines de Salomon.—GOUZY : Voyage au Pays des Étoiles. Promenade d'une Fillette autour d'un Laboratoire. — BRUNET : Les Jeunes Aventuriers de la Floride. — ANCEAUX : Blanchette et Capitaine. — Une grande Journée. Plaisirs d'hiver, Pierre et Paul, La Chasse, Les petits Bergers, Mademoiselle Lili à Paris, Les Frères de Mademoiselle Lili, par UN PAPA.

Illustrations par ATALAYA, BAYARD, BENETT, BECKER, CHAM, GEOFFROY, L. FRŒLICH, FROMENT, LAMBERT, LALAUZE, LIX, ADRIEN MARIE, MEISSONIER, DE NEUVILLE, PHILIPPOTEAUX, RIOU, G. ROUX, TH. SCHULER, etc., etc.

N. B. — La plus grande partie de ces œuvres ont été couronnées par l'Académie française

---

CHAQUE VOLUME SE VEND SÉPARÉMENT

Prix : broché, **7 fr.**; cartonné toile, tranches dorées, **10 fr.**; relié, tranches dorées, **12 fr.**

(1ᵉʳ Âge)

ALBUMS STAHL IN-8° ILLUSTRÉS

Les Albums Stahl

Iʟ y a des lecteurs qui ne sont pas hommes encore et à qui il faut des lectures et des images pour leurs premières curiosités. Ce public innombrable et frêle n'a pas été oublié. Les *Albums Stahl* leur donnent de piquants ou de jolis dessins accompagnés d'un texte naïf. La naïveté est celle qu'un ingénieux esprit, comme Stahl, peut offrir. Elle a ses malices légères et sa gaieté tendre. Les dessins ont de la fantaisie dans la vérité. Bégayements heureux, rires argentins, ce sont là les effets que produisent ces albums caressants. Il y a beaucoup de gros livres et de travaux ambitieux qui n'ont pas la même utilité.

GUSTAVE FRÉDÉRIX, (*Indépendance Belge*.)

FRŒLICH

† Mˡˡᵉ Lili aux Champs-Élysées
Mˡˡᵉ Lili à Paris.
Jujules le Chasseur.
Les petits Bergers.
Pierre et Paul.
La Poupée de Mˡˡᵉ Lili.
La Journée de M. Jujules.
L'A perdu de Mˡˡᵉ Babet.
Alphabet de Mˡˡᵉ Lili.
Arithmétique de Mˡˡᵉ Lili.

Cerf-Agile.
Commandements du Grand-Papa.
La Fête de Mˡˡᵉ Lili.
Journée de Mˡˡᵉ Lili.
La Grammaire de Mˡˡᵉ Lili. (J. MACÉ.)
Le Jardin de M. Jujules.
Les Caprices de Manette.
Les Jumeaux.

Un drôle de Chien.
La Fête de Papa.
Mˡˡᵉ Lili à la campagne.
Le premier Chien et le premier Pantalon.
L'Ours de Sibérie.
Le petit Diable.
La Salade de la grande Jeanne.
La Crème au chocolat.
M. Jujules à l'école.

L. BECKER . . . . L'Alphabet des Oiseaux.
— . . . . L'Alphabet des Insectes.
COINCHON (A.) . . . . Histoire d'une Mère.
DETAILLE . . . . Les bonnes Idées de Mademoiselle Rose.
FATH . . . . Le Docteur Bilboquet.
— . . . . Gribouille. — Jocrisse et sa Sœur.
— . . . . Les Méfaits de Polichinelle. — Pierrot à l'École
— . . . . La Famille Gringalet. — Une folle soirée chez Paillasse.
FROMENT . . . . Petites Tragédies enfantines.
— . . . . † Nouvelles petites Tragédies enfantines.
— . . . . Le petit Acrobate.
— . . . . La Boîte au lait.
— . . . . La petite Devineresse. — Le petit Escamoteur.
— . . . . Scènes familières.
GEOFFROY . . . . Le Paradis de M. Toto. — 1ʳᵉ Cause de l'avocat Juliette.
— . . . . L'Age de l'École.
— . . . . Proverbes en action.
GRISET . . . . La Découverte de Londres.
JUNDT . . . . L'École buissonnière.
LALAUZE . . . . Le Rosier du petit Frère.
LAMBERT . . . . Chiens et Chats.
MARIE (A.) . . . . Le petit Tyran.
MATTHIS . . . . Les deux Sœurs.
MEAULLE . . . . Petits Robinsons de Fontainebleau.
PIRODON . . . . Histoire d'un Perroquet. — Histoire de Bob aîné.
— . . . . La Pie de Marguerite.
SCHULER (TH.) . . . . Les Travaux d'Alsa.
VALTON . . . . Mon petit Frère.

ALBUMS STAHL ILLUSTRÉS gr. in-8°

FRŒLICH

M. Jujules et sa sœur Marie.
Petites Sœurs et petites Mamans.
Voyage de Mˡˡᵉ Lili autour du monde.

Voyage de découvertes de Mˡˡᵉ Lili.
La Révolte punie.

CHAM . . . . Odyssée de Pataud.
FROMENT . . . . La Chasse au volant.
GRISET (E.) . . . . Aventures de trois vieux Marins. — Pierre le Cruel.
SCHULER (T.) . . . . Le premier Livre des petits Enfants.

1er *Age*

ALBUMS STAHL en COULEURS, IN-4°

L. FRŒLICH

Chansons & Rondes de l'Enfance

Sur le Pont d'Avignon.
La Tour, prends garde.
La Marmotte en vie.
La Boulangère a des écus.
La Mère Michel.

Giroflé-Girofla.
Il était une Bergère.
M. de La Palisse.
Au Clair de la Lune.
Cadet-Roussel.

Le bon Roi Dagobert.
Compère Guilleri.
Malbrough s'en va-t-en guerre.
Nous n'irons plus au bois.

L. FRŒLICH

M. César. — Le Cirque à la maison. — Pommier de Robert. — La Revanche de François.

BECKER	Une drôle d'École.
CASELLA	Les Chagrins de Dick.
COURBE	L'Anniversaire de Lucy.
FROMENT	Tambour et Trompette.
GEOFFROY	Monsieur de Crac. — Don Quichotte. — Gulliver.
—	L'Ane gris. — Le pauvre Ane.
JAZET	L'Apprentissage du Soldat.
KURNER	Une Maison inhabitable.
DE LUCHT	L'Homme à la Flûte.— Les 3 montures de John Cabriole.
—	La Leçon d'Équitation.— La Pêche au Tigre.
—	Les Animaux domestiques.
—	† Robinson Crusoë.
MATTHIS	Métamorphoses du Papillon.
MARIE	Mademoiselle Suzon.
TINANT	Du haut en bas. — Un Voyage dans la neige.
—	Une Chasse extraordinaire.— La Revanche de Cassandre.
—	Les Pêcheurs ennemis. — La Guerre sur les Toits.
—	Machin et Chose.
—	† Le Berger ramoneur.
TROJELLI	Alphabet musical de Mlle Lili.

1er et 2me *Ages*

PETITE BIBLIOTHÈQUE BLANCHE

Volumes gr. in-16 colombier, illustrés

AUSTIN	Boulotte.
BENTZON	Yette.
BERTIN (M.)	Les Douze. — Voyage au Pays des défauts.
—	Les deux côtés du Mur.
BIGNON	Un singulier petit Homme.
CHAZEL (PROSPER)	Riquette.
DE CHERVILLE (M.)	Histoire d'un trop bon Chien.
DICKENS (CH.)	L'Embranchement de Mugby.
DIENY (F.)	La Patrie avant tout.
DUMAS (A.)	La Bouillie de la comtesse Berthe.
DURAND (H.)	Histoire d'une bonne aiguille.
FEUILLET (O.)	La Vie de Polichinelle.
GÉNIN (M.)	Un petit Héros.
—	Les Grottes de Plémont. — Pain d'épice.
GENNEVRAYE	Petit Théâtre de Famille.
LA BÉDOLLIÈRE (DE)	Histoire de la Mère Michel et de son chat.
LEMAIRE-CRETIN	Le Livre de Trotty.
LEMOINE	La Guerre pendant les vacances.
LEMONNIER (C.)	Bébés et Joujoux.— Hist. de huit Bêtes et d'une Poupée.
—	† Les Joujoux parlants.
LOCKROY (S.)	Les Fées de la Famille.
MULLER (E.)	Récits enfantins.
MUSSET (P.-DE)	Monsieur le Vent et Madame la Pluie.
NODIER (CHARLES)	Trésor des Fèves et Fleur des Pois.
OURLIAC (E.)	Le Prince Coqueluche.
PERRAULT (P.)	Les Lunettes de Grand'Maman.
—	† Les Exploits de Mario.
SAND (GEORGE)	Le Véritable Gribouille.
SPARK	Fabliaux et Paraboles.
STAHL (P.-J.)	Les Aventures de Tom Pouce.
STAHL ET WILLIAM HUGHES	Contes de la Tante Judith.
VERNE (JULES)	Un Hivernage dans les glaces.

Bibliothèque d'Éducation et de Récréation

QUELS souvenirs agréables et charmants ce titre général ne rappelle-t-il pas aux hommes jeunes d'aujourd'hui, à ceux qui entraient dans la vie au moment même où une révolution complète s'opérait, en leur faveur, dans la littérature! Car il n'y a pas beaucoup plus de vingt ans que les jeunes gens lisent, c'est-à-dire qu'ils ont des livres conçus pour eux, écrits pour eux, et dont le succès est tel qu'on n'aurait pas osé l'attendre.

« C'est une innovation que l'introduction de la lecture dans les plaisirs de la jeunesse. Elle date presque d'hier : mettons vingt ans, c'est tout le bout du monde. Pendant ces vingt années, l'éditeur Hetzel a su publier 300 volumes de premier ordre.

« Le titre trouvé par l'éditeur constitue à lui seul un programme : ÉDUCATION et RÉCRÉATION. Et, en effet, tout est là. Ces beaux et bons livres instruisent et ils amusent. »

VOLUMES IN-8° CAVALIER, ILLUSTRÉS

ALDRICH.	Un Écolier américain.
ANCEAUX.	† Blanchette et Capitaine.
AUDEVAL (H.).	La Famille de Michel Kagenet.
BENTZON (TH.).	Pierre Casse-Cou.
BIART (L.)	Voyage de deux Enfants dans un parc.
—	Entre Frères et Sœurs. — Deux Amis.
BUSNACH (W.).	Le Petit Gosse.
CHAZEL (PROSPER).	Le Chalet des sapins.
DEQUET.	Histoire de mon Oncle et de ma Tante
DUMAS (ALEXANDRE)	Histoire d'un Casse-noisette.
ERCKMANN-CHATRIAN.	Pour les Enfants. — Les Vieux de la Vieille.
FATH (G.).	Un drôle de Voyage.
GOUZY.	Voyage d'une Fillette au pays des Étoiles.
—	Promenade d'une Fillette autour d'un laboratoire.
LEMAIRE-CRETIN	Expériences de la petite Madeleine.
LERMONT	L'Aînée.
—	Histoire de deux Bébés (Kitty et Bo).
—	† Un heureux Malheur.

MAYNE-REID. — *Œuvres choisies.*

Désert d'eau. — Deux Filles du Squatter. — Chasseurs de chevelures. — Chef au Bracelet d'or.
Exploits des jeunes Boërs. — Jeunes Voyageurs.
Petit Loup de mer. — Naufragés de l'île de Bornéo. — Robinsons de terre ferme.
Sœur perdue. — William le Mousse.

MAYNE-REID est un Cooper plus accessible à tous, aux jeunes gens en particulier. Scrupuleusement moral, d'une imagination riche et curieuse, mettant en scène quelque simple récit, autour duquel il groupe des incidents romanesques, et cependant possibles, il promène son lecteur au milieu des forêts vierges, parmi les tribus sauvages, et exalte le courage individuel aux prises avec les difficultés et les nécessités de la vie.   CLARETIE.

MULLER	La Morale en Action par l'Histoire.
NERAUD	La Botanique de ma Fille.
PERRAULT (P.)	Pas-Pressé.
RECLUS (E.)	Histoire d'une Montagne. — Histoire d'un Ruisseau.
STAHL (P.-J.)	La famille Chester. — Mon premier Voyage en mer.
STAHL ET LERMONT.	La Petite Rose, ses six Tantes et ses sept Cousins.
VADIER (B.)	Blanchette.
VALLERY-RADOT (R.)	Journal d'un Volontaire d'un an.
VAN BRUYSSEL	Scènes de la Vie des Champs et des Forêts aux États-Unis.

VOLUMES IN-8° RAISIN, ILLUSTRÉS

BADIN (A.)	Jean Casteyras (Aventures de trois Enfants en Algérie).
BENEDICT	La Madone de Guido Reni.
BENTZON (TH.)	Contes de tous les pays.
BLANDY (S.)	Le petit Roi.
—	Fils de veuve. — L'Oncle Philibert.
BOISSONNAS (B.)	Une Famille pendant la guerre.
BRÉHAT (A. DE)	Les Aventures d'un petit Parisien.
BRUNET	Les Jeunes Aventuriers de la Floride.

Les Voyages involontaires

BIART (L.). { La Frontière indienne. — Monsieur Pinson.
Le Secret de José. — Lucia.

Contes et Romans de l'Histoire naturelle

Dr CANDÈZE { Aventures d'un Grillon.
Périnette (Histoire surprenante de cinq moineaux).

Aventures d'un Grillon. — « Cette biographie d'un insecte obscur cache, sous une fine allégorie, non seulement un petit traité de morale familière, mais encore des notions d'entomologie très précises et très sûres. L'auteur, M. Ernest Candèze, est un écrivain déjà connu des lecteurs de la *Revue Scientifique*, et ses qualités littéraires ne nuisent pas, bien au contraire, à l'autorité de son enseignement.

« C'est une philosophie ingénieuse que celle qui cherche dans l'étude du plus petit des mondes, du monde des insectes, des leçons applicables à l'univers entier. C'est merveille de voir comment même les petits côtés de la science gagnent à être traités par des écrivains littéraires, quand ils ont su se munir au préalable d'un savoir sérieux et éprouvé. »

(*Revue Scientifique.*)

CAUVAIN (H.) . . . . Le grand Vaincu (le Marquis de Montcalm).
DAUDET (ALPHONSE) . . . . . Histoire d'un Enfant.
— . . . . Contes choisis.
DESNOYERS (L.) . . . . Aventures de Jean-Paul Choppart.
DUPIN DE SAINT-ANDRÉ . . . Ce qu'on dit à la maison.
FAUQUEZ (H.) . . . . † Les Adoptés du Boisvallon.
GENNEVRAYE . . . . Théâtre de Famille.
— . . . . La petite Louisette.
— . . . . Marchand d'Allumettes.
GRIMARD (E.) . . . . La Plante.
HUGO (VICTOR) . . . . Le Livre des Mères.
LAPRADE (V. DE) . . . . Le Livre d'un Père.

La vie de Collège dans tous les Pays

ANDRÉ LAURIE

Mémoires d'un Collégien. (Un Lycée du département.) | La Vie de Collège en Angleterre. | Autour d'un Lycée japonais.
Une Année de Collège à Paris. | Un Écolier hanovrien. | Le Bachelier de Séville.
Mémoires d'un Collégien russe. | Tito le Florentin. | † Axel Ebersen. (Le Gradué d'Upsala.)

M. Francisque Sarcey a consacré à chacun des livres qui composent cette série une étude spéciale.

« Notre ami Hetzel, écrivait-il au mois de décembre 1885, a commencé une collection bien curieuse et dont le titre générique suffit à indiquer l'intérêt. Chaque année, il paraît un volume qui nous transporte dans un pays différent. Il y a quatre ans, nous étions en France; l'année suivante, on nous a menés en Angleterre; l'an d'après, en Allemagne. L'ensemble des volumes dont cette série doit se composer formera une étude assez complète des divers systèmes d'éducation suivis par chaque nation.

« Tous ces volumes partent de la même main; ils sont de M. André Laurie, qui me paraît être un universitaire fort au courant des questions pédagogiques, et qui n'en est pas moins un conteur agréable et un écrivain élégant. C'est chaque année un régal attendu par moi de recevoir et de déguster son volume. »

Francisque Sarcey.

LES ROMANS D'AVENTURES

ANDRÉ LAURIE . . . . Le Capitaine Trafalgar.
— De New-York à Brest en sept heures.
Le Secret du Mage.
J. VERNE ET A. LAURIE . . . . L'Épave du Cynthia.
RIDER-HAGGARD . . . . Découverte des Mines du roi Salomon.
STEVENSON ET A. LAURIE . . L'Île au Trésor.

A propos de l'*Épave du Cynthia*, M. Ulbach écrivait les lignes suivantes :
« La collaboration de MM. Jules Verne et André Laurie ne pouvait être que féconde. La science de l'un, l'observation de l'autre, les qualités littéraires des deux collaborateurs font de ce livre un des plus émouvants de la collection nouvelle. »

Volumes in-8° illustrés (SUITE)

« Il y a peu de livres plus nourris de faits, plus substantiels, et d'un intérêt mieux soutenu que l'*Épave du Cynthia*, » a écrit M. Dancourt dans la *Gazette de France*.

« Plus sombre, plus terrible est l'*Ile au Trésor*, roman popularisé en Angleterre par des milliers d'éditions, et dont la maison Hetzel s'est assuré le droit de traduction exclusif. On raconte que M. Gladstone, le grand homme d'État, rentrant chez lui, après une séance agitée, trouva, par hasard, sous sa main, l'*Ile au Trésor*, de Stevenson. Il en parcourut les premières pages, et il ne quitta plus le livre qu'il ne l'eût achevé. C'est que ces premières pages sont un chef-d'œuvre d'exposition mystérieuse, d'attractions captivantes... »

LEGOUVÉ (E.) . . . . Nos Filles et nos Fils.
— . . . . La Lecture en famille.
— . . . . Une Élève de seize ans.
LERMONT (J.) . . . . Les jeunes Filles de Quinnebasset.
MACÉ (JEAN) . . . . Contes du Petit-Château.
— . . . . Histoire d'une Bouchée de Pain.
— . . . . Histoire de deux Marchands de pommes.
— . . . . Les Serviteurs de l'estomac.
— . . . . Théâtre du Petit-Château.
MALOT (HECTOR) . . . . Romain Kalbris.
MULLER (E.) . . . . La Jeunesse des Hommes célèbres.
RATISBONNE (LOUIS) . . . . . ❦ La Comédie enfantine.
SAINTINE (X.) . . . . Picciola.
SANDEAU (J.) . . . . La Roche aux Mouettes. — ❦ Madeleine.
— . . . . Mademoiselle de la Seiglière.
SAUVAGE (E.) . . . . La petite Bohémienne.
SÉGUR (COMTE DE) . . . . . . Fables.
ULBACH (L.) . . . . Le Parrain de Cendrillon.

ŒUVRES de P.-J. STAHL

❦ Contes et Récits de Morale familière. — Les Histoires de mon Parrain. — ❦ Histoire d'un Anecdote de deux jeunes Filles. — ❦ Maroussia. — ❦ Les Patins d'argent. — Les Quatre Filles du docteur Marsch. — ❦ Les Quatre Peurs de notre Général.
† Les Contes de l'Oncle Jacques.

STAHL a voulu enseigner familièrement la morale, la mettre en action pour tous les âges. De chacun des livres de Stahl se dégage une morale présentée avec toute la séduction et cette forme spirituelle qui donne à la fiction les apparences de la réalité. Peu d'hommes ont plus et mieux fait pour la jeunesse, qui lui doit sa libération littéraire.
Ch. CANIVET. (*Le Soleil.*)

STAHL ET LERMONT . . . . . . Jack et Jane.
TEMPLE (DU) . . . . Sciences usuelles. — Communications de la Pensée.
TOLSTOI (COMTE L.) . . . . . Enfance et Adolescence.
VERNE (JULES) ET D'ENNERY . Les Voyages au Théâtre.
VIOLLET-LE-DUC . . . . Histoire d'une Maison.
— . . . . Histoire d'une Forteresse.
— . . . . Histoire de l'Habitation humaine.
— . . . . Histoire d'un Hôtel de Ville et d'une Cathédrale.
— . . . . Histoire d'un Dessinateur.

Volumes grand in-8° jésus, illustrés

BIART (L.) . . . . Aventures d'un jeune Naturaliste.
— . . . . Don Quichotte (*adaptation pour la jeunesse*).
BLANDY (S.) . . . . Les Épreuves de Norbert.
CLÉMENT (CH.) . . . . Michel-Ange, Raphaël, Léonard de Vinci.
FLAMMARION (C.) . . . . Histoire du Ciel.
GRANDVILLE . . . . Les Animaux peints par eux-mêmes.
GRIMARD (E.) . . . . Le Jardin d'Acclimatation.
LA FONTAINE . . . . Fables, illustrées par Eug. LAMBERT.
LAURIE (A.) . . . . Les Exilés de la Terre.
MALOT (HECTOR) . . . . ❦ Sans Famille.
MAYNE-REID . . . . † Aventures de Terre et de Mer.
MOLIÈRE . . . . Édition SAINTE-BEUVE et TONY JOHANNOT.
STAHL ET MULLER . . . . Nouveau Robinson suisse.

Jules Verne

◉◉◉◉◉◉◉

◉VOYAGES EXTRAORDINAIRES

37 VOLUMES IN-8° JÉSUS, ILLUSTRÉS

† Mistress Branican.
César Cascabel.
Famille sans Nom.
Sans dessus dessous.
Deux ans de Vacances.
Nord contre Sud.
Un Billet de Loterie.
Autour de la Lune.
Aventures de trois Russes et de trois Anglais.
Aventures du capitaine Hatteras.
Un Capitaine de quinze ans.
Le Chancellor.
Cinq Semaines en ballon.
Les Cinq cents millions de la Bégum.
De la Terre à la Lune.
Le Docteur Ox.
Les Enfants du capitaine Grant.
Hector Servadac.
L'Ile mystérieuse.

Les Indes-Noires.
Mathias Sandorf.
Le Chemin de France.
Robur le Conquérant.
La Jangada.
Kéraban-le-Têtu.
La Maison à vapeur.
Michel Strogoff.
Le Pays des Fourrures.
Le Tour du monde en 80 jours.
Les Tribulations d'un Chinois en Chine.
Une Ville flottante.
Vingt mille lieues sous les Mers.
Voyage au centre de la Terre.
Le Rayon-Vert.
L'École des Robinsons.
L'Étoile du sud.
L'Archipel en feu.

L'œuvre de Jules Verne est aujourd'hui considérable. La collection des *Voyages extraordinaires*, que l'Académie française a couronnés, se compose déjà de vingt-cinq volumes (contenant 36 ouvrages), et tous les ans Jules Verne donne au *Magasin d'Éducation et de Récréation* un roman inédit.

Ces livres de voyage, ces contes d'aventures, ont une originalité propre, une clarté et une vivacité entraînantes. C'est très français.

CLARETIE.

Découverte de la Terre

3 Volumes in-8°

Les Premiers Explorateurs. — Les Grands Navigateurs du XVIIIᵉ siècle.
Les Voyageurs du XIXᵉ siècle.

J. VERNE et TH. LAVALLÉE. Géographie illustrée de la France, nouvelle édition revue et corrigée par M. DUBAIL.

BIBLIOTHÈQUE DES JEUNES FRANÇAIS

Volumes gr. in-16 colombier

ERCKMANN-CHATRIAN. Avant 89 (*illustré*).
BLOCK (M.). *Entretiens familiers sur l'administration de notre pays.*
La France. — Le Département. — La Commune.
Paris, Organisation municipale. — Paris, Institutions administratives. — L'Impôt. — Le Budget.
L'Agriculture. — Le Commerce. — L'Industrie.
⚜ Petit Manuel d'Économie pratique.
PONTIS. . . . .   Petite Grammaire de la prononciation.
J. MACÉ. . . . .   La France avant les Francs (*illustré*).
MAXIME LECOMTE . . . . .   La Vocation d'Albert.
TRIGANT GENESTE. . . .   Le Budget communal.

6801. — Imp. r. — Motteroz.

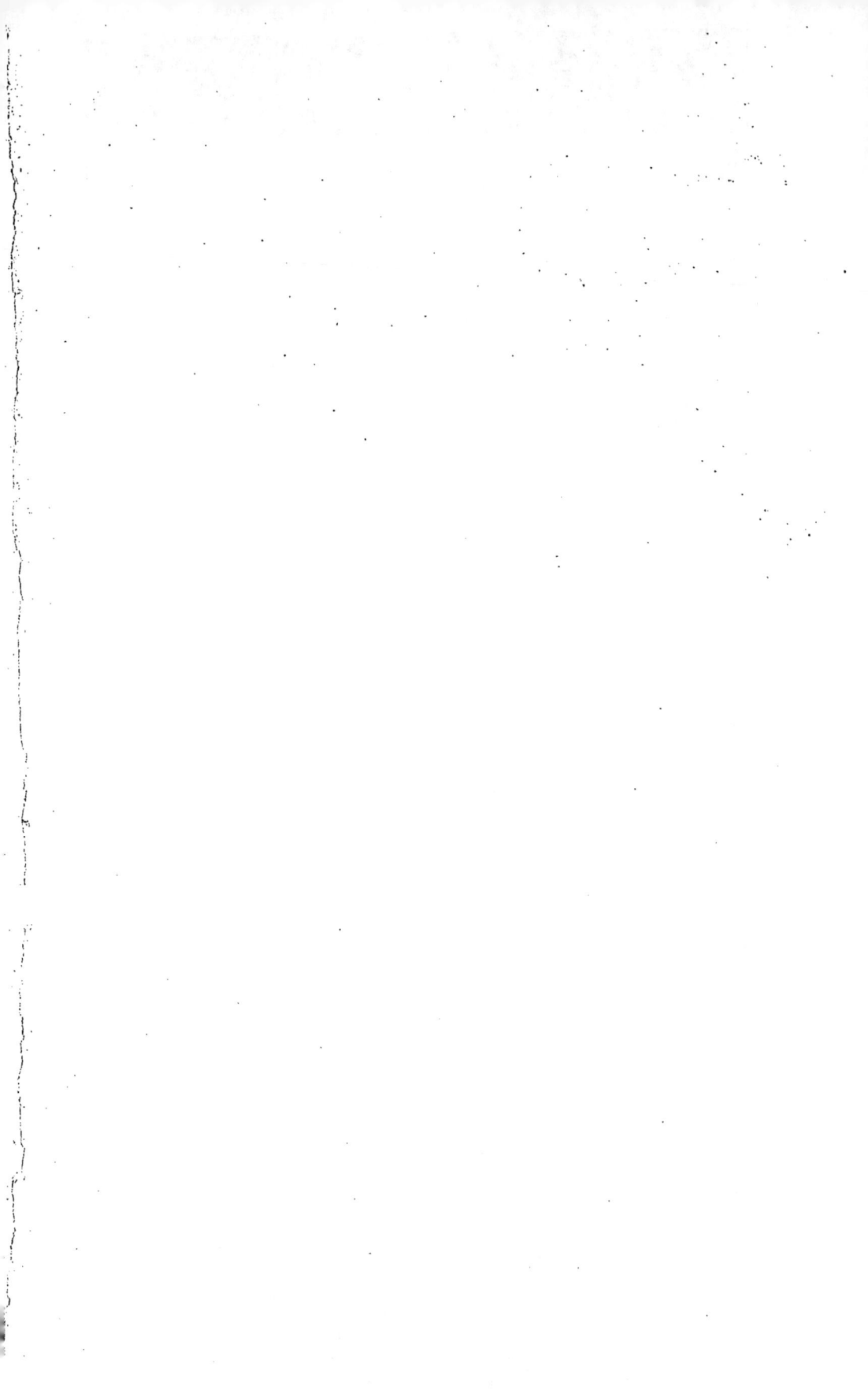

Bibliothèque illustrée de Mademoiselle Lili et de son cousin Lucien.

134 ALBUMS STAHL
PREMIER ET SECOND AGES. — JEUNES FILLES. — JEUNES GARÇONS
Albums en couleurs, dessins de FRŒLICH, FROMENT, GEOFFROY, TINANT, BECKER, etc.

PRIX : *Cartonnés*, 1 fr. ; *Toile dorée*, 2 fr. 50.

* LE BERGER RAMONEUR.
* ROBINSON CRUSOÉ.
TAMBOUR ET TROMPETTE.
LES CHAGRINS DE DICK.
LES ANIMAUX DOMESTIQUES.
UNE MAISON INHABITABLE.
L'HOMME A LA FLUTE.
L'ANE GRIS. — MACHIN ET CHOSE.
DU HAUT EN BAS. — JOHN CABRIOLE.
UN VOYAGE DANS LA NEIGE.
LE PAUVRE ANE. DON QUICHOTTE.
L'APPRENTISSAGE DU SOLDAT.
LA REVANCHE DE CASSANDRE.
UNE DROLE D'ÉCOLE.
LA GUERRE SUR LES TOITS.

L'ANNIVERSAIRE DE LUCY.
ALPHABET MUSICAL de Mlle LILI.
UNE CHASSE EXTRAORDINAIRE.
LA REVANCHE DE FRANÇOIS.
LES PÊCHEURS ENNEMIS.
MADEMOISELLE SUZON.
LA LEÇON D'ÉQUITATION.
Mlle FURET. — LA PÊCHE AU TIGRE.
MÉTAMORPHOSES DU PAPILLON.
JEAN LE HARGNEUX. — M. CÉSAR.
LA BRIDE SUR LE COU.
LE CIRQUE A LA MAISON.
LE MOULIN A PAROLES.
HECTOR LE FANFARON.

CHANSONS ET RONDES
DE L'ENFANCE
SUR LE PONT D'AVIGNON.
LA MÈRE MICHEL. — GULLIVER.
LA MARMOTTE EN VIE.
NOUS N'IRONS PLUS AU BOIS.
M. DE LA PALISSE. — M. DE GRAC.
LE ROI DAGOBERT — MALBROUGH.
GIROFLÉ, GIROFLA.
LA TOUR, PRENDS GARDE.
LA BOULANGÈRE A DES ÉCUS.
IL ÉTAIT UNE BERGÈRE.
CADET ROUSSEL.
AU CLAIR DE LA LUNE.
COMPÈRE GUILLERI.

Albums en noir de 24 à 28 dessins. — PRIX : *Cartonnés*, 2 fr. ; *Toile dorée*, 4 fr.

DESSINS DE FROELICH

* Mademoiselle Lili aux Champs-Elysées.
Mademoiselle Lili à Paris.
Première chasse de Jujules.
Les petits Bergers. — Pierre et Paul.
La Poupée de Mademoiselle Lili.
Mademoiselle Lili en Suisse.
La journée de Monsieur Jujules.
Les Jumeaux. — La Fête de Papa.
Un drôle de Chien. — M. Toc-Toc.

Le Jardin de Monsieur Jujules.
La Fête de Mademoiselle Lili.
Le 1er Chien et le 1er Pantalon.
La Crème au Chocolat.
Monsieur Jujules à l'École.
La Salade de la grande Jeanne.
Alphabet de Mademoiselle Lili.
Arithmétique de Mademoiselle Lili.
Les Commandements du Grand-Papa.
Mademoiselle Lili aux Eaux.

Cerf-Agile. — Le petit Diable.
L'A perdu de Mademoiselle Babet.
La Grammaire de Mlle Lili (J. MACÉ).
Bonsoir, petit Père.
Caprices de Manette (Be Chevaurières)
La Journée de Mademoiselle Lili.
Mademoiselle Lili à la Campagne.
Le 1er Cheval et la 1re Voiture.
L'Ours de Sibérie.

DESSINS DE FROMENT.

* Nouvelles petites-Tragédies. — Scènes familières. — Petites Tragédies.

Le petit Escamoteur. — Le petit Acrobate. — La petite Devineresse.

Histoire d'un Pain rond
La Boîte au Lait.

DESSINS DE G. FATH.

Le Docteur Bilboquet.
Une folle Soirée chez Paillasse.

La Famille Gringalet.
Gribouille. — Pierrot à l'École.

Jocrisse et sa Sœur.
Les Méfaits de Polichinelle.

BECKER. — Alphabet des Oiseaux. — Alphabet des Insectes.
COINCHON. — Histoire d'une Mère.
DETAILLE. — Les bonnes idées de Mlle Rose.
GEOFFROY. — Proverbes en action. — L'Age de l'École.
— 1re Cause de l'Avocat Juliette. — Le Paradis de M. Toto.
GRISET. — Découverte de Londres.
JUNDT. — L'École buissonnière et ses suites.
LALAUZE. — Le Rosier du petit Frère.

E. LAMBERT. — Chiens et Chats.
A. MARIE. — Le petit Tyran.
MATTHIS. — Les deux Sœurs.
MÉAULLE. — Robinsons de Fontainebleau.
PIRODON. — Histoire d'un Perroquet.
— La Pie de Marguerite. — Bob aîné.
TH. SCHULER. — Les travaux d'Ala.
VALTON. — Mon petit Frère.

Albums gr. in-8º de 32 à 100 dessins. — PRIX : *Cartonnés*, 4 fr. 50 ; *Toile dorée*, 6 fr.

Monsieur Jujules.   Dessins de FRŒLICH.
Voyage de Mlle Lili autour du Monde.   id.
Petites Sœurs et petites Mamans.   id.
Mademoiselle Mouvette.   id.
La Révolte punie.   id.
Voyage de Découvertes de Mlle Lili.   id.

GRISET. — Aventures de trois vieux Marins.
— Pierre le Cruel.
FROMENT. — La belle petite Princesse Ilsée.
— La chasse au Volant.
CHAM. — L'odyssée de Pataud.
TH. SCHULER. — 1er Livre des petits Enfants.

PETITE BIBLIOTHÈQUE BLANCHE
Volumes gr. in-16 illustrés. — PRIX : *Brochés*, 1 fr. 50 ; *Cartonnés toile genre aquarelle*, 2 fr.

AUSTIN. — Boulotte.
BENTZON. — Yette.
BERTIN (M.). — Les Douze. — Les deux côtés du Mur.
— Voyage au pays des défauts.
BIGNON. — Un singulier petit Homme.
CHAZEL (Prosper). — Riquette.
CHERVILLE (DE). — Histoire d'un trop bon Chien.
CRÉTIN-LEMAIRE. — Le livre de Trotty.
DICKENS (Ch.). — L'Embranchement de Mugby.
DINY (F.). — La Patrie avant tout.
DUMAS (A.). — La Bouillie de la comtesse Berthe.
DURAND (H.). — Histoire d'une bonne aiguille.
FEUILLET (Octave). — La Vie de Polichinelle.
GENIN (M.). — Un petit Héros. — Les Grottes de Plémont.
GENNEVRAYE. — Petit Théâtre de Famille.
LA BÉDOLLIÈRE (DE). — La Mère Michel et son Chat.

LEMOINE. — La Guerre pendant les Vacances.
LEMONNIER. — Bébés et Joujoux.
— Histoires de huit Bêtes et d'une Poupée. — Les joujoux parlants.
LOCKROY (S.). — Les Fées de la Famille.
MULLER. — Récits enfantins.
MUSSET (P. DE). — M. le Vent et Mme la Pluie.
NODIER (Ch.) — Trésor des Fèves et Fleur des Pois.
OURLIAC (É.). — Le prince Coqueluche.
PERRAULT (P.). — Les Lunettes de Grand'Maman. — Les Exploits de Mario.
SAND (George). — Gribouille.
SPARK (E.). — Fabliaux et Paraboles.
STAHL (P.-J.). — Les Aventures de Tom Pouce.
STAHL ET WAILLY. — Contes de la tante Judith.
VERNE (J.). — Un hivernage dans les Glaces.

MAGASIN ILLUSTRÉ D'ÉDUCATION ET DE RÉCRÉATION
COURONNÉ PAR L'ACADÉMIE FRANÇAISE
Fondé par P.-J. STAHL en 1864
DIRECTEURS : JULES VERNE, J. HETZEL, JEAN MACÉ.
Abonnement d'un an : Paris, **14** fr. ; Départements, **16** fr. ; Union postale, **17** fr.

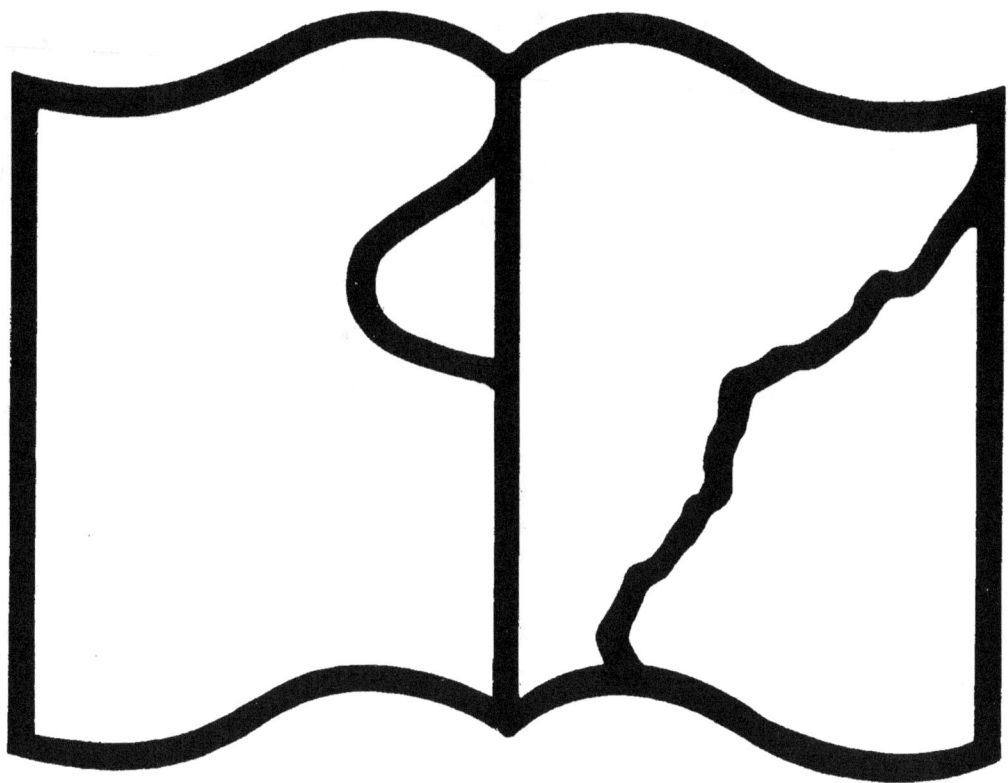

Texte détérioré — reliure défectueuse

NF Z 43-120-11

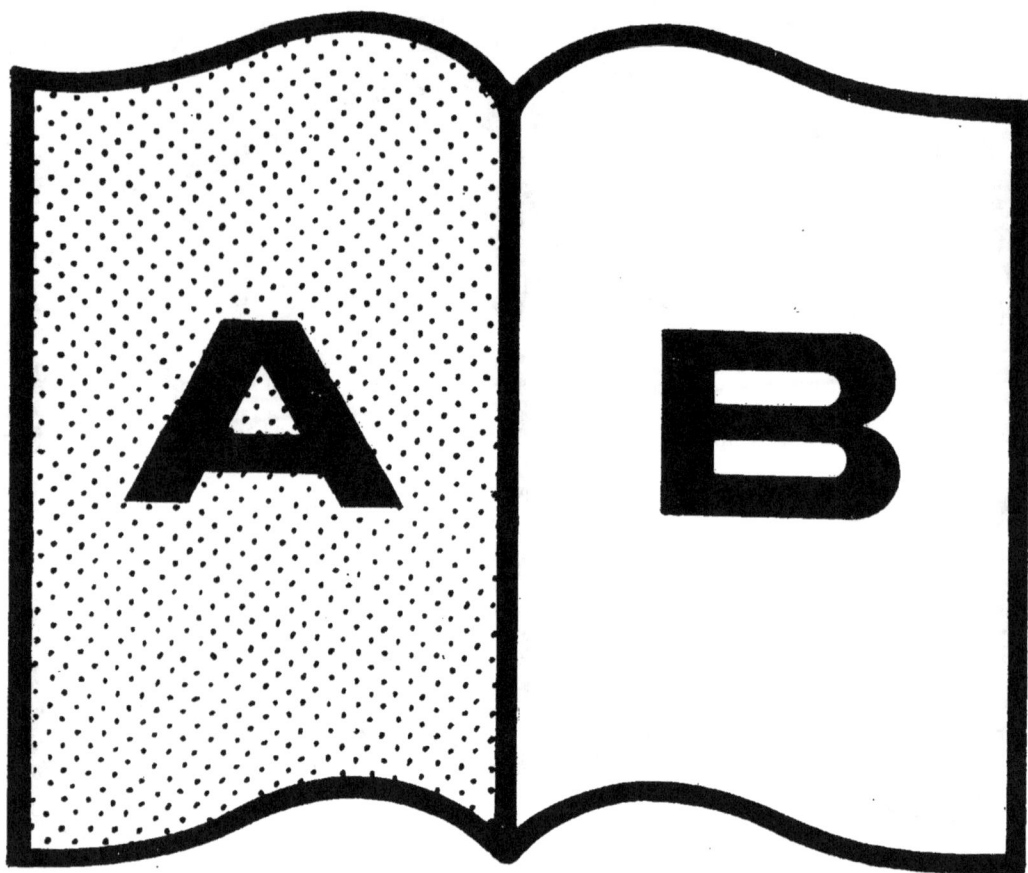

Contraste insuffisant

NF Z 43-120-14

www.ingramcontent.com/pod-product-compliance
Lightning Source LLC
LaVergne TN
LVHW022140080426

835511LV00007B/1190